Christmas
Search
& Find

Published by Playmore Inc., Publishers
and Waldman Publishing Corp., New York, New York

Copyright © MMI Playmore Inc., Publishers
and Waldman Publishing Corp., New York, New York

Printed in Canada

END OF SCHOOL!

ASSEMBLY	JOY
CAROLS	MANAGER
DRESS	PARTY
EAT	PLAY
FRIENDS	SCENE
GOODBYE	TESTS
HOLIDAY	VACATION

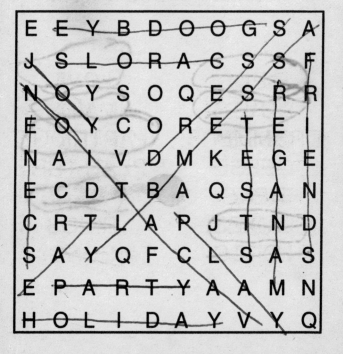

```
E E Y B D O O G S A
J S L O R A C S S F
N O Y S O Q E S R R
E O Y C O R E T E I
N A I V D M K E G E
E C D T B A Q S A N
C R T L A P J T N D
S A Y Q F C L S A S
E P A R T Y A A M N
H O L I D A Y V Y Q
```

♪♫ "On the First Day..." ♪♫

~~BIRDS~~
~~DOVES~~
DRUMMERS
~~GEESE~~
~~HENS~~
~~LADIES~~
~~LORDS~~

~~LOVE~~
~~MAIDS~~
~~PARTRIDGE~~
PEAR TREE
~~PIPERS~~
RINGS
SONG

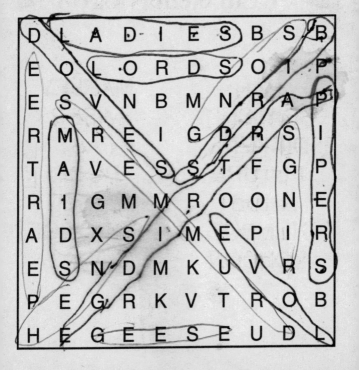

D L A D I E S B S B
E O L O R D S O I P
E S V N B M N R A P
R M R E I G D R S I
T A V E S S T F G P
R 1 G M M R O O N E
A D X S I M E P I R
E S N D M K U V R S
P E G R K V T R O B
H E G E E S E U D L

A Christmas Carol

BAH	MARLEY
CRATCHIT	MISER
DICKENS	PAST
FUTURE	POOR
GHOST	PRESENT
HUMBUG	SCROOGE
LONDON	TIM

P	T	D	F	U	T	U	R	E	V
O	N	S	I	G	H	O	S	T	T
T	G	M	A	C	T	U	C	I	M
N	U	I	P	P	K	R	M	X	A
E	B	S	I	W	A	E	T	Y	R
S	M	E	Q	T	S	H	N	D	L
E	U	R	C	R	G	Z	H	S	E
R	H	H	O	J	R	S	Q	A	Y
P	I	O	L	O	N	D	O	N	B
T	P	S	C	R	O	O	G	E	N

All Around the House

BELLS	LIGHTS
BERRIES	PRESENTS
BOUGHS	SANTA
BOWS	STOCKINGS
CANDLES	TIES
DECOR	TREE
HOLLY	TRIM

```
B T B O U G H S S R
S O R E B O F T O M
S T W E M K O C I S
T N N S E C E R S E
H O R E K D T K A L
G U J I S S Q U N D
I G N S R E L D T N
L G E O P I R L A A
S I H O L L Y P E C
T S S E I R R E B B
```

ANGELS

CHERUB	ROBE
FLY	SMILE
GOLD	SPARKLE
HAIR	SWEET
HALO	TREETOP
HARP	WHITE
HEAVEN	WINGS

H	T	C	H	E	R	U	B	J
P	A	R	E	T	I	H	W	Y
S	R	I	E	E	A	S	L	H
W	E	A	R	E	P	F	H	F
E	B	Q	H	A	T	A	F	E
E	O	S	R	G	L	O	L	L
T	R	K	O	O	H	D	P	I
M	L	L	S	G	N	I	W	M
E	D	H	E	A	V	E	N	S

At the Mall

BOXES	PRESENTS
CLOTHES	RACKS
CROWDS	SHELVES
FLOWERS	SPEND
FOOD	STORES
LIGHTS	TOYS
MUSIC	TREE

M	C	S	T	H	G	I	L	E	F
S	U	L	Z	L	I	X	E	O	S
H	S	S	O	S	W	R	O	T	C
E	E	I	I	T	T	D	N	S	R
L	R	O	C	C	H	E	A	P	O
V	O	S	H	B	S	E	I	E	W
E	T	E	O	E	P	T	S	N	D
S	S	X	R	T	I	V	O	D	S
Q	E	P	R	A	C	K	S	Y	M
S	F	L	O	W	E	R	S	Z	S

Before the Big Day

BAKE	PICK
BUY	SEND
CLEAN	SHOP
COOK	SWEEP
DECORATE	UNPACK
DUST	WASH
FIX	WRAP

S	N	K	C	M	P	E	E	W	S
E	E	D	O	M	X	K	K	N	E
B	U	N	U	T	C	O	A	D	S
W	A	A	D	I	O	E	E	H	F
R	K	K	P	C	L	C	O	T	I
A	K	C	E	C	O	P	B	J	X
P	D	C	A	R	T	H	K	A	Z
L	H	B	A	P	Y	S	S	C	P
R	U	T	R	E	N	C	U	A	D
Y	E	X	J	F	L	U	N	D	W

By Any Other Name

CHRISTMAS	NICHOLAS
CLAUS	NIKOLAS
DED	NOEL
FATHER	PERE
KRINGLE	SAINT
KRIS	SANTA
MOROZ	SINT

N	S	D	Z	O	R	O	M	L	C
F	I	I	E	F	M	G	E	H	K
A	T	C	R	D	I	O	R	S	T
T	N	A	H	K	N	I	R	A	S
H	I	Q	S	O	S	W	K	N	U
E	A	Q	S	T	L	P	Z	T	A
R	S	I	M	Z	C	A	E	A	L
A	N	A	F	Z	E	V	S	R	C
T	S	S	A	L	O	K	I	N	E
X	E	W	E	L	G	N	I	R	K

CANDY CANES

CANDY	PEPPERMINT
CANE	RED
EAT	STRIPES
ENJOY	SWEET
GOODY	TREAT
LICK	TREE
LONG	WHITE

E	E	T	U	L	C	O	D	L	P
N	S	N	A	U	K	E	I	E	S
J	T	E	A	E	R	C	P	W	W
O	R	C	P	C	K	P	J	H	E
Y	E	O	W	I	E	N	E	I	E
G	A	I	E	R	R	G	V	T	T
G	T	E	M	H	C	T	N	E	J
S	R	I	S	I	Z	J	S	O	R
T	N	G	O	O	D	Y	G	B	L
T	U	H	C	M	Y	D	N	A	C

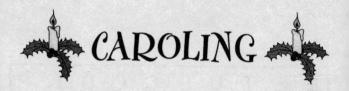

CAROLING

ALTO	HOUSE
BASS	MUSIC
BOOKS	NOEL
CAROL	SING
CHORUS	SONG
COLD	VISIT
DOORWAY	VOICE

```
C S V I S I T R C O
G A U O F H J O T Y
V N R R W X L L A M
O P O O D A W N U
I Z H S L H R K V S
C V U S B O C S T I
E O I O O L B C S C
R N O D O H E A A I
G K Y V W V X O S X
S H O U S E A M N S
```

Christmas Eve

ANGEL	ROOF
APPLES	SANTA
CHIMNEY	SING
COCOA	SLEEP
COOKIES	TREE
FIREPLACE	WAIT
LIGHTS	WRAPPING

R	T	S	T	H	G	I	L	E	C
C	O	R	G	Z	F	F	C	O	T
O	G	O	E	S	S	A	C	I	A
O	H	N	F	E	L	O	A	S	P
K	G	L	I	P	A	W	D	L	P
I	D	B	E	P	L	Z	V	E	L
E	Z	R	S	Q	P	E	G	E	E
S	I	I	P	C	O	A	G	P	S
F	N	A	T	N	A	S	R	N	K
G	C	H	I	M	N	E	Y	W	A

CHRISTMAS IN THE FUTURE

ALIENS	ORBIT
CELEBRATE	PLANETS
HIGH	ROCKET
HOLIDAY	SING
JUPITER	SKY
MARS	SPACE
MOON	VENUS

```
P H Y T I B R O S A
L E G K Z D L R H L
A S T I S R A O V I
N P X A H M L R E E
E A E J R I C Y N N
T C G G D B N L U S
S E N A W E E O S N
R I Y S U D Y L O S
S R O C K E T H E M
J U P I T E R F E C
```

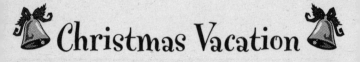

Christmas Vacation

AIRPORT	PLANE
ARRIVE	RELATIVES
BAGS	ROAD
BOXES	TICKETS
CAR	TRAIN
FLY	TRAVEL
FUN	TRIP

S	P	D	N	I	A	R	T	C	P
S	E	I	T	W	O	G	A	L	P
R	E	X	R	F	A	R	A	A	S
L	O	V	O	T	J	N	I	R	T
E	P	U	I	B	E	R	P	O	E
V	O	W	F	T	P	F	N	I	K
A	O	U	R	O	A	S	L	H	C
R	N	O	R	L	Y	L	G	Y	I
T	A	T	G	G	D	M	E	A	T
D	L	E	V	I	R	R	A	R	B

WHITE CHRISTMAS

ALL	HOME
BRIGHT	MERRY
CARD	MUSIC
CHRISTMAS	SNOW
DAYS	SONG
DREAM	WHITE
FLAKES	WRITE

C	E	E	T	I	H	W	A	D	R
M	A	M	A	G	T	L	A	C	I
E	E	R	O	E	L	Y	H	L	Y
R	T	M	D	H	S	R	Z	O	M
R	I	Y	Q	T	I	F	L	H	A
Y	R	Y	W	S	H	G	R	P	E
C	W	O	T	Q	O	G	N	Q	R
J	N	M	J	D	D	W	I	O	D
S	A	M	U	S	I	C	R	R	S
S	H	S	S	E	K	A	L	F	B

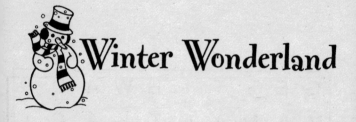

Winter Wonderland

BANKS	ICICLES
COLD	MOUNTAINS
DRIFTS	SLEET
FOREST	SNOW
HAIL	STARS
HILLS	SUNSET
ICE	WOODS

S	S	I	S	T	A	R	S	S	C
F	L	N	C	D	K	T	N	O	S
O	S	L	I	E	H	O	L	S	U
R	L	K	I	A	W	D	E	O	N
E	E	V	T	H	T	L	V	B	S
S	E	Y	R	S	C	N	Q	Z	E
T	T	E	K	I	V	L	U	N	T
X	M	N	C	Y	F	I	I	O	B
H	A	I	S	D	O	O	W	A	M
B	D	R	I	F	T	S	T	Z	H

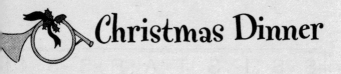

Christmas Dinner

CHAIRS	ROAST
CLOTH	SAUCE
CUP	SOUP
DESSERT	STUFFING
GLASS	TABLE
PLACE	TURKEY
PLATE	YAMS

```
H C H A I R S K H S
T T P T S A O R S V
U S O U U Z R A T L
R E T L C A L R T D
K C C U C G E E A E
E U Z E F S F C B C
Y A V Y S F P O L A
J S A E X K I U E L
Q M D A J W L N O P
S W Z E T A L P G S
```

Christmas in Hawaii

CAROLS   PARTIES
CHURCH   SAND
LIGHTS   SANTA
LUAU   SURFING
MUSIC   SWIMMING
ORCHIDS   TREES
PALMS   WARM

```
P G N I F R U S M C
S A A T N A S R I P
C W L W D K A S L A
H S I M H W U S I R
U E B M S M D D G T
R E J M M I G O H I
C R X L H I D C T E
H T U C O J N N S S
M A R Y L X F G A X
U O C A R O L S O S
```

🎵 Christmas Music 🎵

BELLS	NOEL
CAROL	O HOLY NIGHT
CLAP	PARADE
DANCE	RUDOLPH
FROSTY	SING
HARK	SONG
MARCH	TOYLAND

H	K	B	E	L	L	S	T	P	T
H	P	R	K	G	P	P	A	H	G
E	M	L	A	R	Q	L	G	N	C
D	A	Q	O	H	C	I	O	E	A
A	R	V	N	D	N	S	Y	B	R
R	C	B	L	Y	U	S	N	H	O
A	H	E	L	U	B	R	I	U	L
P	O	O	E	C	N	A	D	N	U
N	H	F	R	O	S	T	Y	V	G
O	B	M	D	N	A	L	Y	O	T

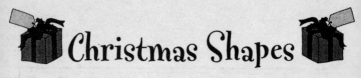

Christmas Shapes

BALL
BOUGH
CANDLE
CANE
COOKIE
LOOP
MITTEN

SANTA
SLED
SNOWFLAKE
SNOWMAN
STAR
TREE
WREATH

```
C  C  N  E  T  T  I  M  L  O
A  S  A  C  J  S  T  L  Z  S
N  A  N  N  D  T  A  V  T  H
D  T  W  O  E  B  S  A  S  T
L  N  K  B  W  N  R  L  O  A
E  A  M  L  O  F  S  P  S  E
K  S  O  W  B  E  L  L  T  R
D  O  M  B  C  P  E  A  E  W
P  A  B  O  U  G  H  R  K  D
N  N  E  I  K  O  O  C  T  E
```

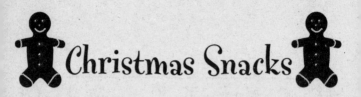

Christmas Snacks

BERRIES	GUM DROP
BRITTLE	JELLIES
CAKE	MINT
CANES	NOUGAT
COCOA	NUTS
COOKIES	POPCORN
FUDGE	TOFFEE

```
Z E B N O U G A T G
J S K R E G D U F U
U C T A I R Q S A M
S O T U C T E J T D
E C M U N I T N L R
I O P T R C I L J O
K A U R A M A Y E P
O P E N T O F F E E
O B E N R O C P O P
C S G S E I L L E J
```

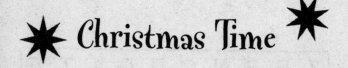

Christmas Time

ADVENT	LAST
COLD	MONTH
DAY	NEW YEAR
DECEMBER	NIGHT
END	SEASON
EVE	WEEK
JANUARY	WINTER

```
A T E K Y F Q E D F
D Y S V W V N L D C
V M R A E D O E N N
E O V A L C C J I O
N N E V U E L F G S
T T C W M N O A H A
N H E B L P A Y T E
Q E E X Z H D J A S
K R F R E T N I W D
T N C R A E Y W E N
```

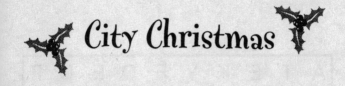

City Christmas

BALLS	PRESENTS
BELLS	RIBBONS
BOXES	SANTA
CORNER	CLAUS
DECORATION	SHOPPING
LIGHTS	SNOW
PARADE	WINDOWS

```
S S H O P P I N G B M
D L C O R N E R A S B
V E L L Y L U L A O J
S L C E I I L N X E S
N I U O B S T E D D T
O G Q L R A S X F A N
B H G C C A S K B R E
B T N L P A T N L A S
I S A A U O G I O P E
R U R L U F I F O W R
S W W I N D O W S N P
```

COUNTRY CHRISTMAS

BARN	MITTENS
BELLS	ROAD
FIR	SLED
HOLLY	SLEIGH
HORSES	SNOW
ICE	TREES
LAMB	WOODS

```
L S Z H G I E L S B
W A L L P W U D A T
Y O M E M S A R R S
H L O B D O N E L S
P S L D R L E L N W
Y W E O S S E E O Q
G Z X S H B T N T M
E H P Z R T S F D C
C Y D L I O P X I I
I W Y M J P H F W R
```

DECEMBER

ADVENT	LAST
COLD	MONTH
DARK	SNOW
DAYS	SOLSTICE
DECEMBER	THIRTY ONE
FUN	WEEKS
HOLIDAYS	WINTER

S	D	F	S	K	E	E	W	D	W
O	R	A	U	X	F	A	L	E	W
L	E	D	R	N	K	O	N	O	Q
S	T	L	E	K	C	O	N	P	H
T	N	K	U	C	Y	S	C	Y	T
I	I	L	S	T	E	L	R	H	N
C	W	Y	R	L	P	M	A	K	O
E	A	I	Z	E	Q	K	B	S	M
D	H	T	N	E	V	D	A	E	T
T	S	Y	A	D	I	L	O	H	R

Down the Chimney

CHRISTMAS	SACK
COOKIES	SANTA
EVE	SLED
FIREPLACE	SOOT
NARROW	TOYS
REST	WAIT
ROOF	WATCH

```
C R W O R R A N F E
O S E G E Q Y O C E
O W A S G A O A V Q
K A L M T R L E E T
I T C P T P T Y J W
E C S D E S K O H J
S H E R T T I C O T
S L I O M G I R A S
S F Y R K Q I A H S
F S S A N T A F W C
```

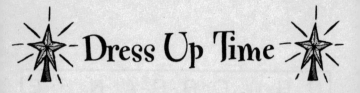

Dress Up Time

BLAZER	PRESS
BRUSH	RIBBONS
DRESS	SHINY CLEAN
JACKET	SHIRT
LACE	SHOES
NEAT	TIE
POLISH	BLAZER

```
N H N P O L I S H B
S A S E T R I H S L
K D E U A Y K U A Q
R L S L R T P C R Z
R T E L C B E I M S
E E O A U Y B S I S
Z K H F T B N N M E
A C S I O C Q I R R
L A E N P X P Z H D
B J S Q S S E R P S
```

Fireplace

ASH	MANTLE
FIRE	MAT
FLAMES	SCREEN
GLOW	SMOKE
HEAT	STOKER
LIGHT	TONGS
LOG	WARMTH

S	T	O	K	E	R	V	G	M	P
W	H	T	M	R	A	W	A	K	M
E	T	O	N	G	S	T	W	S	E
E	R	L	E	N	L	O	E	S	A
P	L	I	E	Q	L	M	N	M	N
C	O	T	F	G	A	G	J	O	E
Z	M	L	N	L	T	D	S	K	E
F	J	H	F	A	L	A	W	E	R
B	S	G	H	S	M	O	E	K	C
A	K	T	H	G	I	L	G	H	S

Gifts for Grandpa

BLANKET	PUZZLE
BOOK	ROBE
CAMERA	SHIRT
FILM	SLIPPERS
FRAME	TIE
MUFFLER	VIDEO
PICTURE	WATCH

```
T T A R E M A C R F
Y R I M N G M O R P
R I I E N K B A S I
E O B H U E M R W C
L E M L S E E J A T
F D Y I A P F I T U
F I N B P N M K C R
U V O I K A K L H E
M O L L F J X E I B
K S P U Z Z L E T F
```

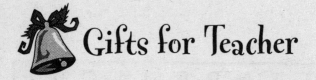 Gifts for Teacher

ALBUM	HANDBAG
APPLE	JOURNAL
BOOK	MAGAZINE
BOOKENDS	PEN
CANDY	PIN
DESK SET	STAMPS
DIARY	VIDEO

```
H A N D B A G B M S
J O U R N A L U D K
M N O O J M B N L G
D A I M X L E O T T
I D G P A K T E E E
A F N A O V D D L S
R J P O Z B N I P K
Y E B H U I O V P S
N C A N D Y N O A E
S S P M A T S E K D
```

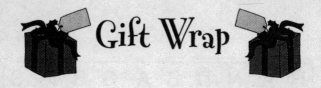

Gift Wrap

BOX	PRESENT
FOLD	RIBBON
GIFT	STRING
GLITTER	TAPE
GLUE	TIE
PACK	TISSUE
PAPER	WRAP

```
T  R  G  P  Y  C  N  W  X  B
W  N  E  I  A  U  D  I  O  F
O  R  E  P  F  C  P  X  O  P
A  J  A  S  A  T  K  L  G  S
N  F  Y  P  E  P  D  L  I  X
O  M  J  I  T  R  I  E  E  L
B  R  Y  A  G  T  P  P  I  Y
B  C  P  L  T  U  Q  C  C  T
I  E  U  E  T  I  S  S  U  E
R  E  R  I  G  N  I  R  T  S
```

 # Gifts for Dad

BOOK
FRAME
GAME
GLOVES
GOLF BALLS
PICTURES
ROBE

SCARF
SLIPPERS
SOCKS
SWEATER
TIE
WALLET
WATCH

F	R	E	T	A	E	W	S	E	E
S	R	E	W	W	F	K	B	M	S
L	P	A	I	C	Z	O	A	L	G
I	S	I	C	T	R	R	L	W	L
P	K	E	C	S	F	A	I	A	O
P	C	U	U	T	B	X	W	T	V
E	O	M	B	F	U	G	C	C	E
R	S	O	L	D	O	R	A	H	S
S	O	O	O	D	C	V	E	M	I
K	G	T	E	L	L	A	W	S	E

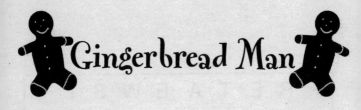

Gingerbread Man

BAKE	FROSTING
CINNAMON	GINGER
DOUGH	HANDS
EYES	NUTMEG
FACE	OVEN
FEET	RAISINS
FLOUR	SALT

```
R R A I S I N S E E
S U C R X H G C K K
H A O I Y H A A G R
A M L L N F B N U E
N E K T F N I H C G
D A Y N D T A F Z N
S X E O S T E M N I
N V U O E Z E Y O G
O G R Y O F H E E N
H F N U T M E G F S
```

MAKE A SNOWMAN

ARMS	MITTENS
BODY	NOSE
CARROT	SCARF
COAL	SMILE
EYES	SNOW
HAT	STICKS
MELT	TWIGS

```
C R D E L I M S S G
T O R H U P W C J E
S A A S G W A T Y N
X N H L B R O E O X
Y V E O F R S S B D
S H D T R Q E W V W
G Y Q A T A T T M O
I A C S B I R L C N
W C J C N Z M M E S
T P S K C I T S S M
```

Nativity

COWS	MAGI
CRECHE	MANGER
CRIB	SCENE
DONKEY	SHEEP
GRASS	STABLE
HAY	STAR
KINGS	STRAW

S	S	T	A	B	L	E	S	M	S
M	G	C	J	Z	T	Y	A	W	Y
A	S	N	R	B	W	G	O	A	A
N	T	L	I	E	I	C	H	N	T
G	R	W	F	K	C	Y	S	I	E
E	A	Q	W	G	E	H	J	Z	N
R	W	O	R	K	S	C	E	J	E
Q	G	A	N	J	K	T	R	F	C
R	S	O	A	L	M	D	A	I	S
S	D	S	H	E	E	P	Q	R	B

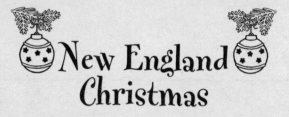

New England Christmas

COLD	PIES
FARMHOUSE	PUDDING
FIRES	SKATING
FUN	SLEDS
HORSES	SNOW
ICE	TREES
LANTERN	WIND

```
F  S  E  S  D  E  L  S  D  N
S  A  E  C  J  J  T  L  R  H
K  T  R  I  I  P  O  E  I  O
A  R  N  M  P  C  T  P  R  R
T  E  O  S  H  N  L  G  Y  S
I  E  I  S  A  O  W  K  I  E
N  S  N  L  H  R  U  I  H  S
G  O  F  S  P  Z  N  S  N  R
W  U  J  S  E  R  I  F  E  D
N  W  V  G  N  I  D  D  U  P
```

"Twas the Night Before..."

BEDS	NAP
CAP	ROOFTOP
CHILDREN	SLED
CLATTER	SLEIGH
HOUSE	SNUG
KERCHIEF	SUGARPLUMS
MOUSE	VISION

```
M D E S U O H N B S
R N E H K P A E M P
E O N L V P D U E O
T I O E S S L W S T
T S Z D R P K R U F
A I N G R D B P O O
L V U A T S L P M O
C N G H T G E I A R
S U H G I E L S H C
S K E R C H I E F C
```

Old Time Holiday

BELLS	LANTERNS
BONFIRES	NUTS
CANDLES	SLEIGHS
CAROLING	STORIES
COAL	SWITCHES
HAY	VISIT
HORSES	WOODEN

```
W L C A N D L E S S V
A O A Y P X T I E I S
S S O O A O B R S S W
N T I D C H I I K E I
R O M A E F T P R S T
E R R D N N B V O R C
T I X O E T S E A O H
N E B S Z B F H L H E
A S T A A U C O O L S
L U S H G I E L S E S
N E G N I L O R A C S
```

On My List

AUNT	FRIEND
BABYSITTER	GRANDMA
BROTHER	GRANDPA
CAT	MOM
COUSINS	SIS
DAD	TEACHER
DOG	UNCLE

```
A A M D N A R G U R
P M E H Q N G N E N
D D O I Q O C T T F
N R A M D L T E E S
A F E D E I U A A N
R U S H S X D I C I
G I C Y T A W N H S
S A B Y C O U T E U
T A F O A M R N R O
B D N E I R F B T C
```

Ornaments

ANGEL	LIGHTS
BALL	POPCORN
BASE	RIBBONS
BELL	SANTA
BUBBLING	SNOW
GARLANDS	STAR
ICICLE	TINSEL

R	B	S	T	H	G	I	L	E	E
I	G	A	Y	A	O	F	S	L	E
B	A	A	L	A	C	A	G	E	L
B	T	C	R	L	B	N	N	G	C
O	N	I	N	L	I	R	Y	N	I
N	A	G	S	L	A	B	A	A	C
S	S	N	B	B	M	N	E	T	I
P	O	B	H	N	X	A	D	L	S
W	U	L	E	S	N	I	T	S	L
B	C	Z	N	R	O	C	P	O	P

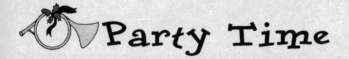

Party Time

CAKE	HORNS
CANDY	PEANUTS
COCOA	POPCORN
CONFETTI	PRESENTS
GAMES	SANTA
GIFTS	SODA
HATS	SPARKLES

```
Y A P E A N U T S C
S D D G I F T S O I
P P N O V F U C T E
A S R A S O O T S V
R N C E C A E H A S
K R F F S F S A N E
L O B H N E C W T M
E H A O L Z N A A A
S T C W Z I Q T K G
S P O P C O R N S E
```

 # Peace on Earth

AMANI	PAIX
FOIS	PAX
GOODWILL	PAZ
HAU	PEACE
HEDD	PINGAN
HEIWA	SALAM
PACI	SHALOM

```
P  I  S  H  A  L  O  M  P  S
A  E  C  H  I  Q  Q  A  A  A
G  M  A  A  O  T  I  L  W  N
P  O  A  C  P  X  A  I  A  N
A  E  O  N  E  M  E  G  T  V
Z  I  M  D  I  H  N  B  W  D
H  Z  X  D  W  I  F  H  H  A
B  M  D  X  P  I  T  O  A  J
T  E  D  R  L  A  L  W  I  U
H  P  A  X  J  L  V  L  H  S
```

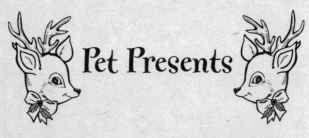

Pet Presents

BALL	DISH
BED	HOUSE
BELL	I.D. TAG
BONE	LEASH
BOWL	MAT
CATNIP	PILLOW
COLLAR	POST

B	D	R	W	O	L	L	I	P	L
G	A	I	U	T	N	N	L	E	E
W	A	L	S	H	F	W	A	S	S
O	Z	T	L	H	O	S	U	C	Q
F	A	R	D	B	H	O	A	Q	H
T	A	V	A	I	H	T	C	Y	H
S	A	R	B	L	N	B	D	V	T
O	B	E	D	I	L	D	O	E	A
P	L	E	P	H	V	O	B	N	M
L	B	A	W	E	R	D	C	R	E

Presents for Mom

BLOUSE	PIN
EARRINGS	PLANT
FLOWERS	RING
GLOVES	ROBE
NECKLACE	SCARF
PERFUME	SKIRT
PHONE	SLIPPERS

```
R B L O U S E P E G
O O S J Z T I C N P
S F B G T N A I T E
R R T E N L R X R R
E A K C K I T R I F
W C Q C E P R M K U
O S E N X O L R S M
L N O A Z P I A A E
F H G L O V E S N E
P S R E P P I L S T
```

RED & GREEN

BERRIES	LIPS
CANDY CANE	MINT
CHEEKS	PINE
EVERGREEN	RIBBON
FIR	ROSE
HOLLY	SANTA'S SUIT
JELLY	SEAL

```
T  T  F  H  O  L  L  Y  S  C
S  I  N  I  U  Y  K  P  A  L
E  Y  U  I  R  C  I  N  A  N
I  L  A  S  M  L  D  E  H  O
R  L  J  F  S  Y  S  O  Z  B
R  E  I  E  C  A  E  P  P  B
E  J  N  A  S  P  T  S  L  I
B  I  N  V  I  W  S  N  O  R
P  E  S  K  E  E  H  C  A  R
E  V  E  R  G  R  E  E  N  S
```

REINDEER

ANTLERS	FLY
BLITZEN	LEGS
COMET	NORTH
CUPID	PRANCER
DANCER	RED NOSE
DASHER	RUDOLPH
DONNER	VIXEN

S	K	R	E	C	N	A	D	A	B
O	G	N	O	R	T	H	N	Y	E
H	R	E	N	L	C	T	L	N	S
P	E	N	L	E	L	F	Y	E	O
L	N	G	Y	E	Z	I	X	N	
O	N	W	R	D	T	T	X	I	D
D	O	S	I	J	F	E	I	V	E
U	D	P	Q	E	C	T	M	L	R
R	U	D	A	S	H	E	R	O	B
C	P	R	A	N	C	E	R	O	C

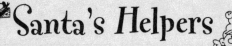

Santa's Helpers

AUNT	MAIL
BROTHER	MOM
COUSIN	MRS. CLAUS
DAD	REINDEER
ELVES	SIS
GRAMPS	TOYMAKER
GRANNY	UNCLE

L	M	N	I	S	U	O	C	R	E
S	I	O	U	L	Y	D	E	L	R
P	S	A	M	J	A	E	V	Y	E
M	V	U	M	D	D	E	B	N	K
A	K	R	A	N	S	W	R	N	A
R	G	S	I	L	U	W	Q	A	M
G	I	E	A	M	C	N	Q	R	Y
S	R	U	J	T	T	S	C	G	O
K	N	T	Z	J	P	E	R	L	T
T	R	E	H	T	O	R	B	M	E

Santa's Workshop

BUSY	NAILS
ELVES	NORTH POLE
GLUE	REINDEER
GOOD	SLED
HAMMER	TOYS
LETTERS	WISH
LIST	WORK

```
M Y R H A M M E R E
S D S E W O R K L W
W L O U I I D O Q R
L I E O B N P W E I
E M S D G H D G U T
T N X H T E L E T E
T V R R L U L O E O
E D O V E I Y D U R
R N E M S S B R Q A
S S U T N A I L S R
```

"Silent Night"

CHILD	QUAKE
HOLY	ROUND
INFANT	SHEPHERDS
MILD	SIGHT
MOTHER	SILENT
NIGHT	SLEEP
PEACE	TENDER

```
M S Z R E D N E T Y
S I D D N U O R L R
I S L R J T I O S P
L I V D E N H A L E
E G G P F H Z N E C
N H A A D N P I E A
T T N L J J I E P E
H T I N H H N G H P
H H Q U A K E O H S
C M O T H E R Q L T
```

 SKATING

BOOTS	MUSIC
COCOA	PARTNER
COLD	POND
GLIDE	RINK
GLOVES	SLIDE
ICE	SPIN
MITTENS	TURN

```
E  B  R  S  L  I  D  E  C  P
K  D  O  E  Z  H  Z  B  O  C
H  N  I  O  N  F  E  N  M  S
R  M  I  L  T  T  D  N  N  I
N  K  P  R  G  S  R  E  X  M
R  X  S  N  M  C  T  A  J  X
U  I  I  U  O  T  D  I  P  U
T  P  S  C  I  F  Y  L  C  I
S  I  O  M  K  N  Y  J  O  E
C  A  G  L  O  V  E  S  H  C
```

Snow Angels

ANGELS	MOVE
ARMS	PLAY
BACK	PRINT
BOOTS	SNOW
GAME	TRY
GROUND	WET
JACKET	YARD

B	P	G	S	D	Y	D	G	K	T
O	D	L	A	M	N	I	B	R	U
O	F	R	A	M	R	U	Y	A	S
T	C	W	A	Y	E	A	O	L	Y
S	T	E	K	Y	A	T	E	R	A
G	N	T	L	Q	E	G	P	E	G
N	I	C	P	K	N	K	V	S	S
O	R	H	C	A	C	O	N	V	C
R	P	A	Q	A	M	O	S	X	S
J	J	F	B	G	W	Z	V	U	Z

Snow! Snow! Snow!

BALL	FLAKE
BANK	INCHES
BOARD	MAN
BRANCHES	POWDER
COLD	SHOVEL
DRIFT	SKI
FALL	WHITE

```
L C S H O V E L H T
I L O Q D S H S F L
F N A L W S E I L Y
L N C B D H R A G E
A A K H C D F X C T
K C P N E B Y I H I
E S A B S S O N V H
P R A K A F M A A W
B N I U V F X C R M
K P O W D E R K N D
```

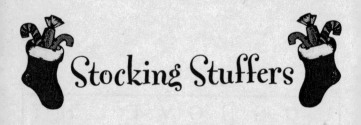

Stocking Stuffers

APPLE	MAGIC
BOOK	NUTS
CANDY	ORANGE
CAP	PEAR
COINS	SURPRISE
DOLL	WHISTLE
GAME	YO-YO

```
S D S Y D N A C B P
A U O X E B G O A P
P L R L D P O C E E
P M W P L K W A T S
L M J G R H R W R N
E N L E I I S U R I
Z C M S R Y S T D O
Z A T F G U O E U C
G L M A G I C Y O N
E O R A N G E X O W
```

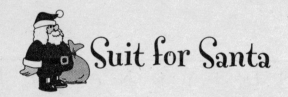

Suit for Santa

BELT	FUR
BOOTS	GLOVES
BORDER	JACKET
BUCKLE	RED
BUTTONS	SUIT
CAP	TASSEL
FLANNEL	TRIM

```
Q  S  E  L  K  C  U  B  S  R
J  A  C  K  E  T  J  U  E  L
T  S  T  O  O  B  I  D  E  G
B  L  R  W  Y  T  R  N  L  L
E  U  E  K  O  O  N  K  E  O
T  E  T  B  B  A  M  W  S  V
S  A  R  T  L  M  R  E  S  E
Y  E  C  F  O  R  I  H  A  S
D  A  X  Z  A  N  U  R  T  W
P  Q  R  K  Q  S  S  F  T  D
```

The Gift of the Magi

COMB	O'HENRY
ENDING	SACRIFICE
FOB	STORY
GIFT	SURPRISE
HAIR	TWIST
HUSBAND	WATCH
LOVE	WIFE

```
S E R G N I D N E T
W T S I F L M E F E
H I O I A I Z I C F
U E F R R H G I O W
S V U E Y P F B Q A
B Q W T T I R F H T
A S P S R L B U K C
N R I C O T V M S H
D W A V Z J D B O N
T S E Y R N E H O C
```

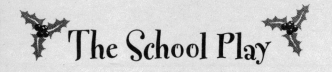

The School Play

ACT	DRAMA
CAST	LEAD
CHORUS	LINES
COACH	REHEARSE
COMEDY	SCENE
COSTUME	SET
CUE	STAGE

```
H C H O R U S O V A
E C T J M E E E M E
R M A C R L U A S H
Y T U O A C R R G E
S W S T C D A H T N
E F C P S E K P J E
N L F D H O C T X C
I W A E R I C A E S
L E R E G A T S S S
L D W Y D E M O C T
```

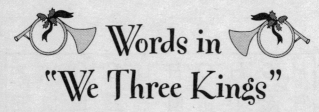

Words in "We Three Kings"

GREEN	THINK
GRIN	THREW
HINGE	TREE
KEEN	WEEK
RING	WINK
RINK	WIRE
THING	WRITE

```
H T W K K D C Z O G
N I H R E N V V X H
G P N I I E I D K E
W S M G N T N R D R
G U O N E K E R G I
L D W E B T W N G W
K K G S R E I R N R
E N G E R H E I I U
E I E H T E R N V Z
W W T A N G G H O N
```

That Old Fruitcake!

CHERRIES	ORANGE
DARK	RAISINS
DRIED	ROUND
FRUIT	SPICE
MINCE	STICKY
NUTMEG	SUGAR
NUTS	TASTE

```
N S T I C K Y X R D
C U S P I C E A E V
M H T M B I I I R A
I E E S X S R U O E
N T R R I D R Z U G
C S O N R F I K N N
E A S K Q I R E D A
K T R B P A E U N R
W A R A G U S S I O
D J A G E M T U N T
```

TREE  TALK

BERRY	FIR
BOUGH	LEAF
BRANCH	NORFOLK
CONE	NORWAY
NEEDLE	PINE
DOUGLAS	SCOTCH
EVERGREEN	TWIG

```
E  E  N  O  R  W  A  Y  F  E
W  L  N  B  A  E  S  A  V  N
H  B  D  I  B  I  E  E  H  O
C  E  K  E  P  L  R  X  G  R
N  R  X  J  E  G  L  L  U  F
A  R  U  G  R  N  F  L  O  O
R  Y  I  E  W  H  E  I  B  L
B  W  E  M  N  A  N  N  R  K
T  N  S  C  O  T  C  H  O  X
D  O  U  G  L  A  S  Z  U  C
```

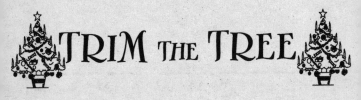

TRIM THE TREE

ANGEL	ORNAMENT
APRON	RIBBON
BALLS	SNOW
GARLAND	STAND
HANG	STRING
ICICLE	TIE
LIGHTS	TINSEL

```
A I C I C L E C N A
L N E B A L L S P C
I T G I O T Z R T P
G D N E T O O G I N
H N E E L N A A N O
T A J Q M R O Z S B
S T R S L A H M E B
O S N A M Z N A L I
K O N O N S Y R N R
W D S T R I N G O G
```

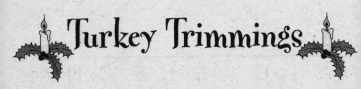

Turkey Trimmings

BEANS	LEG
BONE	PEAS
CHESTNUT	POTATO
CRANBERRY	SALAD
DRESSING	VEGETABLES
GRAVY	WING
GREENS	YAMS

```
V E G B E A N S S D
G E N E M X D A Y R
R Y G O L E E R S E
E V U E B P R X A S
E A C F T E X F L S
N R A S B A W P A I
S G M N Z I B I D N
K A A S Q Y J L N G
Y R O T A T O P E G
C C H E S T N U T S
```

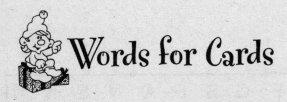

Words for Cards

ANGEL	MERRY
CHRISTMAS	NEW YEAR
FAMILY	NOEL
GOOD	PEACE
HAPPY	SANTA
HOLIDAY	SEASON
JOLLY	WISHES

```
D F A M I L Y E H Y
S O M E R R Y O P N
A A O L O M L P J E
S S M G O I A H Y W
E A O T D H Y A L Y
H N I A S L R F L E
S T Y N Y I E Y O A
I A O K M E R G J R
W E P E A C E H N J
L X N O S A E S C A
```

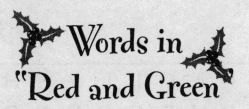

Words in "Red and Green"

DANDER	NAG
DEAN	NEED
DEED	RAN
DEN	RANG
DREAD	RANGE
GENE	REDDEN
GRAND	REED

```
N B N A R D D D R Z
X X V E E A N A U Q
M C N A N A N Y X I
N E N D R G L N B C
G E E G V R R C K G
W R D D E A D E R A
Z R I D A G D E E N
M K M O E E N E E D
K V L J E R R A E N
Z E Q K N E D D R D
```

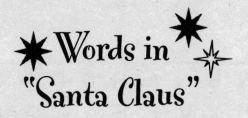

Words in "Santa Claus"

ALAS	LASS
ASSAULT	LAST
CAN	NUT
CAST	SALT
CAT	SAT
CLAN	STUN
CLASS	SUNTAN

```
Z A T S A T X A T Q
T T L A V U Z S S N
O Y L A C U A U A T
S N W U S C N C I O
S C U F A T L M S U
A H P S A S N A T R
L L S N T N S A S P
C A J L N O U A L T
L W A E R F Q T X C
G S R F G T U N S R
```

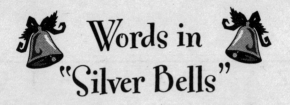

Words in "Silver Bells"

BELIE	REEL
BILL	RIVER
BLISS	SELL
LEVER	SIEVE
LIBEL	SLIVER
LIVE	VEIL
LIVER	VERB

```
F L S M R E V I L E
C L L L O Q N Z I M
K S I I I T W L P R
Q R O E B V E L Y L
H E J D V B E X K E
S V G M L S R R U B
S I E I E B N E H I
I R V L R J H M E L
L E L E S I E V E L
B X V L E V E R N O
```

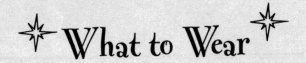 What to Wear

BOOTS	JACKET
CAP	MITTENS
COAT	MUFFLER
FACE MASK	SCARF
GLOVES	SKI PANTS
HAT	SOCKS
HOOD	SWEATER

```
C G L O V E S H S F
F O P S W P A K R M
S A A A N T I A J U
W T C T C P C R A F
E G R E A S E A C F
A O R N M B C X K L
T R T D W A O H E E
E S O T B H S O T R
R O S O C K S K T O
H M I T T E N S J S
```

Winter Animals

BEAR	OWL
BUFFALO	PENGUIN
ELK	POLAR BEAR
FOX	REINDEER
HUSKY	SEAL
MOOSE	SQUIRREL
OTTER	WOLF

```
P K K I T S X R B P
M O L A K O E E X E
O R L E F I A U X N
O E R A N R O G S G
S W A D R H L W C U
E U E W F B U A L I
Y E O K L X E S E N
R L O T T E R A K S
F B U F F A L O R Y
W S L E R R I U Q S
```

Winter Wear

BOOTS	JACKET
CAP	LEGGINGS
COAT	MITTENS
DOWN	MUFFLER
EARMUFFS	SCARF
GLOVES	SWEATER
HAT	VEST

```
V T S G L O V E S S
F E A G S S S H F P
N R S O N G T F A S
S E K T C I U C N C
N T Q I H M G W A A
E A F E R B O G S R
T E W A O D D H E F
T W E O D G U Y A L
I S T T E K C A J T
M S M U F F L E R K
```

Words in "Christmas"

CHAIR	MATCH
CRAM	MEAT
HAM	SMART
IS	STAR
MART	TEAM
MASS	TIS
MAST	TRIM

```
T  T  I  S  B  I  E  R  M
T  R  S  J  K  Z  M  I  E  M
X  C  A  A  T  Q  A  A  K  M
Z  U  W  M  M  H  T  U  V  B
T  T  O  S  C  M  S  I  I  P
S  J  S  C  T  S  A  T  E  L
I  A  R  M  K  R  M  T  A  S
M  A  A  P  J  T  I  A  C  R
M  E  U  Q  G  Z  W  M  R  H
T  H  A  M  N  Q  P  U  Z  T
```

Christmas Catalog

BOOKS	PAPER
CARDS	PET TOYS
CLOTHES	RIBBONS
DISHES	SANTAS
GAMES	SHOES
GIFTS	TOYS
MUGS	WREATHS

```
S  B  S  N  O  B  B  I  R  S
S  D  Q  S  E  M  A  G  K  A
Z  Y  R  M  Y  N  K  O  S  X
S  P  O  A  F  C  O  E  S  S
A  A  M  T  C  B  H  S  E  E
T  P  U  O  T  T  X  Q  O  H
N  E  C  S  O  E  T  X  H  S
A  R  G  L  T  I  P  O  S  I
S  U  C  S  T  F  I  G  Y  D
M  W  R  E  A  T  H  S  P  S
```

Christmas Plants

ACORN	HOLLY
AMARYLLIS	IVY
BERRY	LILY
BUSH	MISTLETOE
CACTUS	PINE
CEDAR	ROSE
FIR	SNOWDROP

```
C  L  I  H  R  N  Y  F  B  E
A  M  I  V  W  P  I  U  A  N
C  C  I  L  Y  R  S  M  Y  W
T  E  G  S  Y  H  A  W  L  N
U  D  P  B  T  R  S  D  L  R
S  A  J  P  Y  L  R  Y  O  O
E  R  I  L  J  F  E  O  H  C
L  N  L  U  T  T  J  T  S  A
E  I  B  E  R  R  Y  K  O  E
S  P  O  R  D  W  O  N  S  E
```

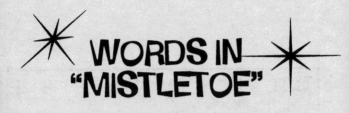

WORDS IN "MISTLETOE"

ISLE	SMILE
LIST	SOIL
MELT	TILE
MILE	TILT
MIST	TIME
SETTLE	TOTE
SLEET	TOTEM

```
C P L M I S K Y Y X
R M E S M E X G C Y
O L L I L L L R D E
T E L T L X L P A T
M E T T E I E I Y O
H E S L T M S L O T
S I I L P E E T I S
M T W C M X E T J M
T I M E P Q C L O X
G V U W T L I T S T
```

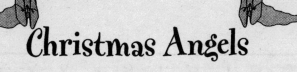

Christmas Angels

ANGEL

BELL

GOLD

GOWN

HALO

HARP

HEAVENLY

NOEL

PEAL

SING

SONG

TREE

WHITE

WINGS

W	S	O	N	G	S	G	N	I	W
B	H	Y	G	O	W	N	E	O	G
E	W	I	L	H	A	R	P	K	G
L	U	O	T	N	R	L	A	E	P
L	I	U	B	E	E	E	E	R	T
N	O	E	L	S	W	V	X	Q	L
A	D	O	C	I	T	R	A	E	X
X	L	L	P	N	N	H	G	E	J
A	O	A	D	G	A	N	B	L	H
U	G	H	L	U	A	U	Z	E	W

Christmas Characters

CLARA	MRS. CLAUS
CRATCHIT	RUDOLPH
DRUMMER	SANTA
ELVES	SCROOGE
FROSTY	SHOEMAKER
GRINCH	ST. NICK
MARLEY	TINY TIM

```
E G O O R C S C C A Y
H C N I R G R L T R A
S O Y F W A A N S U S
D H D F T R A H T D U
Y H O C A S Q S N O A
H V H E F K D C I L L
J I I V M R S W C P C
T O J Q W A O E K H S
M A R L E Y K S V D R
M I T Y N I T E T L M
P R E M M U R D R Y E
```

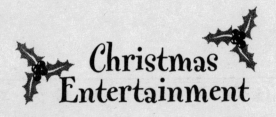

Christmas Entertainment

BALLET	PARTY
CAROLING	PLAY
CHARADES	SKATING
FOOTBALL	SNOW
GAMES	SONGS
MOVIE	TV
MUSIC	VIDEOS

```
S G M U S I C T C Y
L N N T L F V C A S
T Y O I E Y H L S K
E T G W L A P W G A
L R N S R O L G N T
L A Q A G E R R O I
A P D A U L I A S N
B E M P K V E V C G
S E V I D E O S O A
S L L A B T O O F M
```

First Christmas

BABY	MAGI
CATTLE	MANAGER
EAST	MARY
HAY	SHEEP
INN	STABLE
JOSEPH	STAR
KING	SWADDLING

H	Y	M	J	O	S	E	P	H	W
Z	S	B	A	U	Y	G	V	G	N
O	T	M	A	N	M	P	N	N	S
E	A	M	A	B	A	I	I	U	H
L	B	H	F	R	L	G	F	A	E
T	L	S	O	D	Y	K	E	P	E
T	E	I	D	T	I	R	I	R	P
A	T	A	S	G	A	G	Y	N	J
C	W	A	A	T	P	K	F	A	G
S	E	M	S	Q	F	V	F	A	H

Gifts for Grandma

BIBLE	PLANT
BOOK	PURSE
CALENDAR	RADIO
CANDLES	SACHET
CUSHION	SCARF
JACKET	SWEATER
PIN	VASE

```
E  C  U  S  H  I  O  N  L  P
L  L  N  E  S  R  U  P  L  J
R  C  B  I  R  N  Y  A  C  A
E  R  A  I  P  T  N  A  F  C
T  A  V  N  B  T  L  B  R  K
A  D  K  Q  D  E  A  C  A  E
E  I  M  E  N  L  K  Z  C  T
W  O  S  D  C  Z  E  O  S  U
S  A  A  B  G  P  D  S  O  Q
V  R  I  T  E  H  C  A  S  B
```

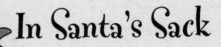# In Santa's Sack

BIKE	GAME
BOOK	GUITAR
CAMERA	KITE
CAR	PULLTOY
CARDS	SKATES
DISK	TEDDY BEAR
DOLL	VIDEO

```
C B R C A R D S B Y
A R I A N E L O O S
M G A K C S O T G E
E D I E E K L H N T
R F D C B L E D C A
A J P D U Y D M P K
E W O P E M D I A S
I L S T T A C D S G
L A I O E D I V E K
Z K T R A T I U G T
```

Mrs. Santa Claus

APRON	HELPER
BUSY	HOUSE
COCOA	JOLLY
COOKIES	NORTH POLE
COZY	WARM
ELVES	WIFE
HAPPY	WORKSHOP

```
B M E L V E S M E A
W U R X H N A L O W
H O S A V N O C I H
A R R Y W P O F Y E
P K F K H C E G L L
P L A T S A J V L P
Y D R C G H P X O E
Q O O U S R O R J R
N Z H O U S E P O P
Y C O O K I E S U N
```

Noah And The Ark

ANIMALS	JAPHETH
ARK	NOAH
BOAT	OLIVE
DOVE	PAIRS
FLOOD	RAIN
FORTY	RAINBOW
HAM	SHEM

```
D  R  A  I  N  B  O  W  D  O
R  O  P  U  H  P  A  O  L  H
Q  X  V  P  E  N  O  I  A  H
M  H  K  E  I  L  V  O  I  A
E  M  T  M  F  E  N  I  C  M
H  E  A  E  Y  P  R  F  B  P
S  L  T  T  H  T  A  A  X  F
S  V  A  A  B  P  R  I  I  S
Y  O  R  D  Z  E  A  O  R  N
B  K  A  Q  H  V  Z  J  F  S
```

GOODIES

BREAD	GOOSE
CAKE	MUFFINS
CANDY	NUTS
COCOA	PIE
COOKIES	POPCORN
DUCK	PUNCH
EGG NOG	TURKEY

S	D	U	Y	D	N	A	C	E	C
T	N	U	C	L	N	M	K	O	B
U	G	I	C	X	A	A	O	H	R
R	O	E	F	K	C	K	Y	C	E
K	O	L	C	F	I	C	F	N	A
E	S	T	S	E	U	M	N	U	D
Y	E	T	S	D	K	M	E	P	V
K	U	Y	A	O	C	O	C	I	V
N	E	G	G	N	O	G	X	N	P
P	O	P	C	O	R	N	M	N	B

SANTA!

BEARD	NORTH POLE
BELT	RED SUIT
BOOTS	REINDEER
CHIMNEY	SACK
ELVES	SLED
GAMES	TOYS
HO HO HO	TWINKLE

```
B D O H O H O H T S
R E E N W D D O T N
R E A L Q T Y O O T
E E I R S S O R S W
D L G N D B T R E I
S V W R D H T J M N
U E V S P E B T A K
I S A O D G E E G L
T C L X Y Q W R L E
K E C H I M N E Y T
```

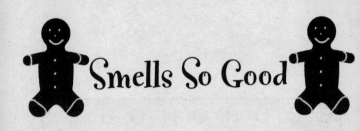

Smells So Good

ALMOND	COOKING
APPLES	HONEY
BAKING	KITCHEN
CIDER	MINT
CINNAMON	PIE
CLOVE	PUDDING
COCOA	SPICE

```
E  G  L  D  N  O  M  L  A  T
T  V  N  A  O  C  O  C  N  C
G  G  O  I  X  Q  B  I  I  X
N  N  R  L  K  G  M  N  E  S
I  I  F  I  C  O  N  H  C  E
D  K  S  W  C  A  O  G  I  L
D  A  S  I  M  C  P  C  P  P
U  B  D  O  E  S  X  I  S  P
P  E  N  Y  E  N  O  H  E  A
R  A  T  N  E  H  C  T  I  K
```

Words in "Silent Night"

INLET	SIGN
ISLE	SIGNET
LENT	SLIGHT
LIGHT	TEN
LIT	TENT
SENT	TIGHT
SIGHT	TINGE

```
T K Y T H G I S T I
T N F Q X N G E S T
I T E S R L N L N T
G O I L L S E E J I
H Z S L I I S M N N
T T R G I L G C U G
G P N N T S I H X E
I E L E C A I G T B
T E N G T S T G H C
T T R D I B W H N T
```

That's a Wrap!

BAG	PAPER
BOX	PASTE
CARD	RIBBON
CUT	SCISSORS
FANCY	SEAL
FOLD	TAPE
GIFT	TIE

F	F	A	N	C	Y	C	H	S
S	O	E	T	S	A	P	R	B
P	E	L	R	U	F	O	A	T
A	S	A	D	I	S	G	U	D
P	K	Y	L	S	B	C	U	E
E	R	L	I	C	T	B	P	U
R	C	C	A	F	T	B	O	R
S	S	R	I	S	J	I	O	N
P	D	G	E	P	A	T	E	X

TOYS FOR YOU

BEANBAG	PUZZLE
BIKE	SKATES
BOAT	TEASET
CARRIAGE	TEDDY
CRAFTS	TENT
DOLL	TRUCK
PUPPETS	VIDEO

```
K B E L Z Z U P D E
V C E P G Z K O K C
S T U A M C L I C R
T E M R N L B A O A
E S P I T B R G E F
P A M Y Y R A Y D T
P E V D I T T G I S
U T D A O Q E A V S
P E G X M C Q N O B
T E S E T A K S T B
```

WINDOW SHOPPING

BOX

DISPLAY

ELF

GIFT

LIGHTS

RIBBON

SANTA

SHOW

SIGN

SNOW

STAND

TINSEL

TRIM

WREATH

D	W	S	A	N	T	A	B	G
S	I	O	T	V	U	O	I	T
W	N	S	H	C	X	F	S	I
R	T	O	P	S	T	T	N	N
E	R	E	W	L	H	J	M	S
A	I	D	S	G	A	F	V	E
T	M	I	I	M	Y	Y	L	L
H	G	L	S	T	A	N	D	E
N	R	I	B	B	O	N	T	R